Löwenzahn und Pusteblume

Werkstatt für das Lesen- und Schreibenlernen

Leselernbuch **Teil 1**

Schroedel

„Mama!“

„Mama!“

Papa kommt
mit Mi und Mo.

Mama nimmt
Mi und Mo in die Arme.

Mi legt Mama.
Ein Igel hilft mit.

Mo schreibt Oma.
Mama und Papa lesen alles.

Mi und Mo rufen Papa.
Papa soll sie suchen.

„Mi ?"

„Mo ?"

Papa sucht und tastet.
Kann er Mama erkennen?

Tam ta ta ti,
Tap mit Mi!

Opa und Mama machen Musik.
Tap tanzt mit Mi.

Tam ta ta to,

Tip mit Mo!

Tip tanzt mit Mo.
Alle singen mit und tanzen.

Mi malt Lotta.

„Mi, toll!"

Lotta lacht,
weil es kitzelt.

Tip malt mit Tap.

Mo kann lesen,
was Tip schreibt.

„Hallo, Tap!
Tap, halt!"

Mo holt Tap.

Tap möchte
in das Haus.
Aber die Leiter
ist zu hoch.

„Lotta, hopp!"

„Halt, halt!
Mi, hol Lotta!"

Mi holt Lotta.

Lotta möchte auch
in das Haus.
Aber es ist zu hoch.

Filo

Tip hilft Filo.
„Tap, hilf mal mit!"

Filo ist in ein tiefes Loch gefallen.
Er sitzt in der Falle.

„Hallo! Hallo!"

Lotta holt Mi.
Lotta holt Mo.

Mi hilft Filo.
Mo hilft Filo.

Weil alle Freunde helfen, ist Filo bald wieder frei.

F f

Mut

Mi hat Mut.

Hat Tap Mut?
Tap holt Luft ...

Lotta macht Tap Mut:
„Na los, Tap! Du kannst das!"

Tip hat Mut.
Tip holt Luft ...

„Hallo, Uhu!“

„U hu! U hu!“

Der Uhu ärgert sich.
„Mo, lass den Unsinn!“

Hallo, Uhu!

Mama hat Mo
im Arm.

Papa hat Mi
im Arm.

Der Mond leuchtet hell
und die Sterne funkeln.

„U hu! U hu!"

„Hallo, Uhu!",
ruft Mo.

„U hu! U hu!"

Im Wald ist Ruhe.
Nur der Uhu ruft.

Lotta in Not

Mi nimmt Mo mit.

Mo ruft:
„Mi, halt mal an,
nimm Lotta mit!"

„Lotta, hopp!"

Lotta fällt ins Wasser.
Arme Lotta!

„Nanu, Lotta!“,
ruft Filo.

Filo hilft Lotta.

Mi nimmt Lotta mit.
Mi nimmt Filo mit.

Festhalten!
Nun fährt Mi mit allen los.

Salto

Mi turnt mit Lotta.
„Lotta, hopp!"

„Lottas Salto ist toll!",
ruft Mo.

„Mi,
nun turn so mit mir!"

Aber
Lotta schreit:
„Noch einmal!"

„Tip, los,
turn mit mir!“,
ruft Tap.

Tip hat keine Lust.
Sie liegt lieber
in der Sonne.

S s

Hilfe !

„Mama ! Papa !"

„Hilfe ! Hilfe !"

Mi umarmt Mo .
Mo umarmt Mi .

Mi und Mo haben sich verlaufen .
Da sehen sie den Uhu .

„U hu! U hu!"

„Hallo, Uhu,
hilf uns!"

„Uhu, rette uns!
Hole unsere Eltern her!"

Die Eltern folgen dem Uhu
und finden ihre Kinder.

Am Fluss

Mi und Mo rennen
hinunter an den Fluss,
denn Mo hat Durst.

Lotta rennt hinterher.

Am Ufer sehen sie
einen Turm im Sand.

„Der Turm ist toll!“,
findet Lotta.
„Sind denn Tip und Tap am Ufer?“

„Da sind andere Namen im Sand!“,
ruft Mo.
„Das ist seltsam!“

Mi und Mo lesen.

„Wer mag das sein?
Diese Namen kennen wir nicht.“

D d

Fremde

Mi merkt,
dass Fremde kommen.
„Pst!"

Lotta rennt hin.
Mi und Mo halten
den Atem an.

Das Kind filmt mit der Kamera.
Es ruft:
„Hase, Hase,
komm mal her!"

Das Kind filmt und filmt.
Kann es Mi und Mo
hinter der Tanne sehen?

Mi und Mo bleiben im Versteck,
bis die Menschen fort sind.

Der Film

„Kinder, kommt,
wir wollen uns den Film ansehen!“,
ruft Mama.

Der Film ist prima.
Lisa und Tim erkennen alles:
„Da ist unser Turm am Wasser.“
„Da wandern wir im Wald.“
„Und da rennt der Hase.“

„Halt den Film mal an!“,
ruft Papa.
„Was ist das?
Wer ist da hinter der Tanne?“

„Papa, das sind
zwei kleine Bären!“

Löwenzahn und Pusteblume

Werkstatt für das Lesen- und Schreibenlernen

Leselernbuch Teil 1
Texte auf der Grundlage erster Schriftzeichen

Von Jens Hinnrichs
und Angela Berkenhoff, Petra Dalldorf, Angelika Rettinger, Ursula Schwarz, Brigitte Stöcker

Mit Bildern von Felix Scheinberger

Inhaltsübersicht

ISBN 3-507-40729-9

Druck 5 4 3 2 1 / Jahr 08 07 06 05 04

Alle Drucke der Serie A sind im Unterricht parallel verwendbar, da bis auf die Behebung von Druckfehlern untereinander unverändert.
Die letzte Zahl bezeichnet das Jahr dieses Druckes.

Anlautbilder: Angelika Çitak
Layout: Ute Kreinacke - Umschlaggestaltung: Mann und Maus, Hannover
Satz + Repro: Rohrßen, Hannover
Druck: Universitätsdruckerei H. Stürtz AG, Würzburg